BEI GRIN MACHT SICH IHR WISSEN BEZAHLT

Aktueller Stand und Trends betrieblicher Anwendungssysteme

Ein Praxisbeispiel aus dem Automobilsektor

Joerg F. Walbaum

Bibliografische Information der Deutschen Nationalbibliothek:

Die Deutsche Nationalbibliothek verzeichnet diese Publikation in der Deutschen Nationalbibliografie; detaillierte bibliografische Daten sind im Internet über http://dnb.d-nb.de abrufbar.

ISBN: 9783346388452
Dieses Buch ist auch als E-Book erhältlich.

© GRIN Publishing GmbH
Nymphenburger Straße 86
80636 München

Druck und Bindung: Books on Demand GmbH, Norderstedt Germany
Gedruckt auf säurefreiem Papier aus verantwortungsvollen Quellen

Das vorliegende Werk wurde sorgfältig erarbeitet. Dennoch übernehmen Autoren und Verlag für die Richtigkeit von Angaben, Hinweisen, Links und Ratschlägen sowie eventuelle Druckfehler keine Haftung.

Das Buch bei GRIN: https://www.grin.com/document/1006227

Stand und Trends betrieblicher Anwendungssysteme

Diskussion aktueller Stand sowie Trends betrieblicher Anwendungssysteme, dargestellt an einem Praxisbeispiel aus dem Automobilsektor

Assignment im Modul ANS43

AKAD University

von

Joerg F. Walbaum

Hamburg, den 05. Februar 2021

Inhaltsverzeichnis

Abkürzungsverzeichnis

App	Application
ARIS	Architektur integrierter Informationssysteme
AWS	Amazon Web Services
bzw.	beziehungsweise
CRM	Customer Relationship Management
DV	Datenverarbeitung
EAI	Enterprise Application Integration
ERP	Enterprise Resource Planing
GE	General Electric
GUI	Graphical User Interface
HANA	High Performance Analytic Appliance
IaaS	Infrastructure as a Service
IoT	Internet of Things
IS	Informationssystem
IT	Informationstechnik
KI	Künstliche Intelligenz
p.a.	per annum
PaaS	Platform as a Service
PC	Personal Computer
PI	Process Integration
SaaS	Software as a Service
SOA	serviceorientierte Architektur
sog.	sogenannte
u.a.	unter anderem
vgl.	Vergleiche
vs.	versus
XML	Extensible Markup Language
z.B.	zum Beispiel

Abbildungsverzeichnis

1 Einleitung

1.1 Problemstellung und Relevanz dieser Arbeit

Die gegenwärtige Digitalisierung von Prozessen gewinnt in nahezu allen Branchen an Relevanz. Dabei ändern sich nicht nur die Arbeitsorganisation und das Arbeitsumfeld, sondern auch die in den Unternehmen eingesetzten Anwendungssysteme. Diese unterliegen im Besonderen den Veränderungen und müssen zukünftig neue Anforderungen erfüllen. Die Umsetzungen sind zwingend notwendig, um auch zukünftig im internationalen Wettbewerb zu bestehen und mögliche Marktchancen zu nutzen.[1]

1.2 Ziel dieser Arbeit

Das Ziel dieser Arbeit ist es, den aktuellen Stand sowie Trends betrieblicher Anwendungssysteme darzustellen. Dabei erfolgt eine kurze Thematisierung, ob eine Überwindung der sogenannten „Softwarekrise" durch eine stärkere Ausrichtung der Entwicklung an branchenspezifischen Strukturen und Geschäftsprozessen zu erkennen ist. Am Beispiel der neuen ERP-Produktgeneration SAP S/4 HANA des Softwareanbieters SAP AG (SAP) und deren Branchenlösung für den Automobilsektor wird praxisnah überprüft, welche Trends umgesetzt wurden und ob diese Weiterentwicklung als Grundlage für die Umsetzung intelligenter Fabriken dienen können.

1.3 Aufbau dieser Arbeit

Anknüpfend an die Einleitung im ersten Kapitel erfolgt die Erarbeitung der theoretischen Grundlagen im zweiten Teil dieser Arbeit. In diesem werden wichtige Begrifflichkeiten definiert und erläutert. Daneben erfolgt eine Beschreibung des ARIS-Konzeptes, als Beispiel für eine Informationsarchitektur. Das dritte und vierte Kapitel bildet den Schwerpunkt dieser Arbeit. In diesem werden erkennbare Entwicklungen herausgearbeitet, analysiert und kurz beschrieben. Zum Anderen wird deren Umsetzung in modernen Anwendungssystemen am Beispiel SAP S/4HANA des Softwareunternehmens SAP und der Automobilindustrie erläutert. Abschließend erfolgt eine kurze Zusammenfassung der Ergebnisse und eine kritische Reflexion der eigenen Vorgehensweise.

---

[1] vgl. Hermeier/ Heupel/ Fichtner-Rosada (2019), S. 202

2 Theoretische Grundlage

2.1 Betriebliche Anwendungssysteme

Unter dem Begriff betriebliche Anwendungssysteme versteht man branchenneutrale bzw. branchenspezifische Standardsoftwaresysteme sowie eigenentwickelte Anwendungssysteme. Als Bestandteile der sogenannten „Informationspyramide" nach Scheer werden sie auch zu Informationssystemen (IS) oder Enterprise Resource Planing (ERP)-Systemen zusammengefasst. Sie bestehen häufig aus verschiedenen Modulen einer Standardsoftware in Verbindung mit Branchenlösungen oder Eigenentwicklungen.[2] Die Module bzw. Teilinformationssysteme sollten integriert werden, also zusammenarbeiten, und Daten austauschen. Man unterscheidet hierbei in horizontale und vertikale Integration (vgl. Abbildung 1).

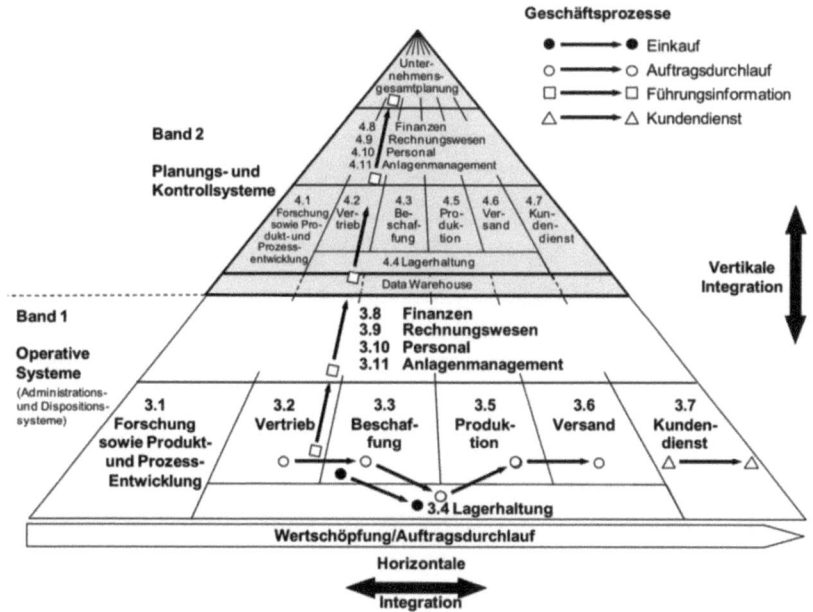

Abbildung 1: Integrierte Informationsverarbeitung[3]

---

[2] vgl. Scheer, 1995, S. 5 in Verbindung mit Scheruhn, 1997, S. 3
[3] vgl. Mertens/ Meier, 2009, S. 1

Im weiteren Sinne werden, neben der Software, zusätzlich alle Hardware- und Kommunikationsbestandteile, die im betrieblichen Umfeld eingesetzt werden, dazu gezählt.[4] Die Einführung ist immer mit dem Ziel einer Optimierung der zugrundeliegenden Geschäftsprozesse und des Ressourceneinsatzes verbunden.[5] Um die Komplexität eines Unternehmens beherrschbar zu machen unterstützen Informationsarchitekturen. Zur Modellierung der Unternehmensrealität erfolgt beispielsweise im ARIS-Konzept, wie in Abbildung 2 dargestellt, eine ganzheitliche Betrachtung von Geschäftsprozessen. Durch Zerlegung von Prozessen in verschiedene Sichten und deren Beschreibung soll die Komplexität überwunden werden.[6]

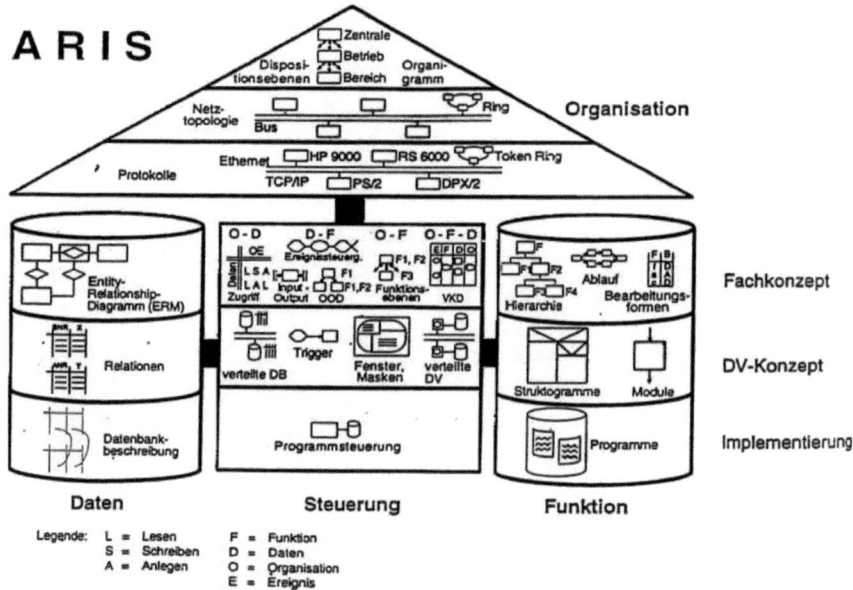

Abbildung 2: Sichten, Beschreibungsebene und Methoden der ARIS-Architektur[7]

---

[4] vgl. Stahlknecht, 1997, S. 358
[5] vgl. Scheruhn, 1997, S. 3
[6] vgl. Hansen/ Mendling/ Neumann, 2019, S. 142ff
[7] vgl. http://www.staud.info/gproz/gp_f_10.htm (abgerufen 14.01.2021)

Das ARIS-Konzept enthält selbst keine eigene Ausführungsebene, sondern bietet Schnittstellen zur Integration, wie zum Beispiel zu ERP-Softwareanbietern. In der Praxis werden computergestützte Werkzeuge (sog. Tools) eingesetzt, um modellierte Geschäftsprozesse mit möglichst geringem Aufwand zu übertragen.[8]

2.2 Softwarekrise

Die Beherrschung der Komplexität von Anwendungssystemen ist eine zentrale Herausforderung und stellt die Entwickler permanent vor Herausforderungen.[9] In den 1960er Jahren wurde erstmals von einer Softwarekrise gesprochen und bezeichnete das damals aufgetretene Phänomen, dass die Softwareentwicklung den technischen Möglichkeiten der Hardware hinterherhinkte.[10] Während bei der Hardwareentwicklung nahezu alle zwei Jahre eine Verdopplung der Leistung erzielt wird, zeigt sich der Softwarebereich weniger dynamisch. Die sogenannte Softwarekrise war u.a. durch fehlerhafte und schlecht konzipierte Programme, wachsende Kosten der Softwareerstellung, Fehleinschätzungen bei großen Softwarekomplexen, fehlende Konstruktionsprinzipien zur Programmerstellung sowie hohen Wartungskosten gekennzeichnet.[11]

Als Reaktion auf die sogenannte Softwarekrise versuchte man sich fortan verstärkt an Arbeitsweisen und Abläufe der Ingenieursdisziplinen zu orientieren. So wurde der Begriff „Software Engineering" geprägt. Es entstand eine Art Regelwerk, das Softwareentwicklungen und größere Softwareprojekte unter Kontrolle halten soll. Seit dieser Zeit hat sich die Softwareentwicklung zunehmend professionalisiert; Strukturen, Muster und Methoden wurden implementiert und geschult. Dennoch sind einige der damals definierten Probleme bis heute noch nicht überwunden.[12] Heutige Ansätze, um die Komplexität moderner Softwareentwicklungen und Systeme zu beherrschen, sind u.a. die stärkere Ausrichtung der Entwicklung an branchenspezifische Strukturen und Geschäftsprozesse sowie Nutzung flexibler Softwarearchitekturen.

---

[8] vgl. Funk/ Gomez/ Niemeyer/ Teuteberg, 2010, S. 73f
[9] vgl. Raue, 1996, S. 2
[10] vgl. Dijkstra, 1972, S. 4
[11] vgl. Kuhlins, 1997, S. 1
[12] vgl. Gerstl, 2018

3   Stand und Trends betrieblicher Anwendungssysteme

Die Gestaltung und der Aufbau betrieblicher Anwendungssysteme wird stark von den IT-technischen Neuerungen bestimmt. Dies zeigt sich durch die Paradigmenwechsel, welche sich im Laufe der Evolution der Informationstechnologie und der sich begleitenden neuen Möglichkeiten der Ressourcenverteilung ergeben haben. Mit monolithischen Anwendungssystemen, Client/ Server-Architekturen, Enterprise Application Integration (EAI), serviceorientierten Architekturen (SOA), Cloud-Computing und Microservearchitekturen werden nachfolgend die Entwicklungen (vgl. Abbildung 3) beschrieben.

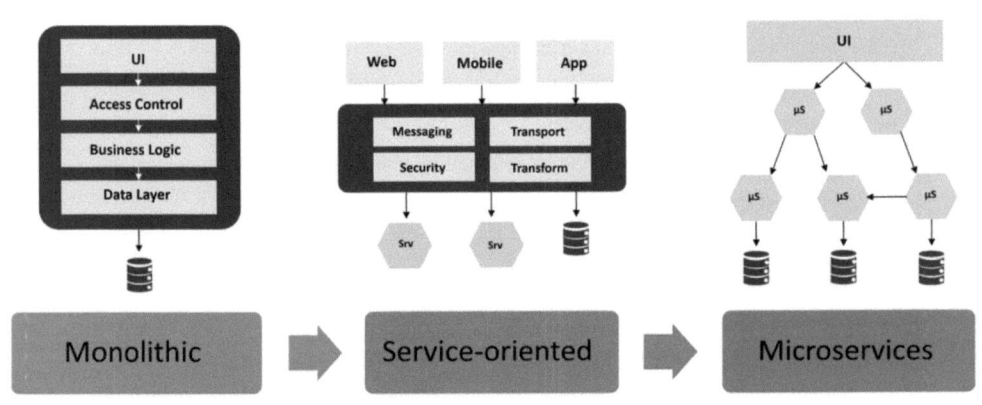

Abbildung 3: monolithische Architekturen vs. SOA vs. Microservicearchitekturen[13]

3.1   Monolithische Anwendungssysteme

Monolithische Anwendungssysteme sind so aufgebaut, dass Funktionalität und Datenverwaltung eine untrennbare Einheit bilden. Sie charakterisieren sich durch einen Zentralrechner mit angebundenen Terminals bzw. PCs, welche selbst über keine Rechenkapazitäten verfügen.[14] Da die Nachteile insbesondere in der mangelnden Wartbarkeit und Integrierbarkeit liegen, sind solche Systeme heute nur noch als Altanwendungen früherer Entwicklungsprojekte in Gebrauch.[15]

---

[13] vgl. https://maveric-systems.com/blog_cat/digital-services/page/9/ (abgerufen 20.01.2021)
[14] vgl. Riggert, 2012, S.8
[15] vgl. Herden/ Gomez/ Rautenstrauch/ Zwanziger, 2006, S.26

3.2 Client-Server-Architekturen, EAI und SOA

Client-Server-Architekturen sind verteilte Anwendungssysteme, bei denen Funktionalität und Datenbestände als kooperierende Elemente betrachtet werden. Server sind dabei Rechner, die ihre Ressourcen und Dienste der Allgemeinheit zur Verfügung stellen, Clients sind die Leistungsnehmer. Diese Art der Gruppierung ist heute das vorherrschende Verarbeitungsprinzip. Welche Dienste ein Server erbringt, hängt von der Konfiguration des Anwendungssystems ab.[16] Die nächsthöhere Stufe ist der Ansatz der Enterprise Application Integration (EAI), welcher umfassend die operative Integration von Geschäftsprozessen und deren Automatisierung als Ziel beinhaltet. Auf diese Weise soll ein aus Benutzersicht einziges, virtuelles System geschaffen werden, welches die Komplexität der darunterliegenden technologischen Lösungen verbirgt.[17] EAI wird heute als technischer Ansatz zur Applikationsintegration gesehen und gilt als Vorstufe der serviceorientierten Architektur (SOA). Das zentrale Element der SOA sind, wie in Abbildung 4 dargestellt, (Web-) Services.

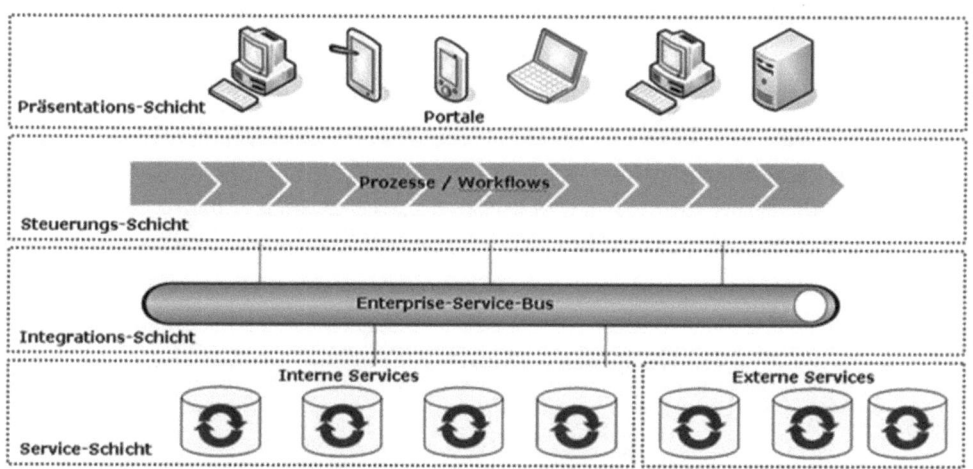

Abbildung 4: SOA - Serviceorientierte Architekturen als Teil der IT-Strategie[18]

Im Gegensatz zur EAI werden die Anwendungen (wie z.B. Standardsoftware für ERP-Systeme) so geändert, dass interne Funktionen der Anwendungen als leicht wiederverwendbare Services offengelegt und nicht herstellergebunden sind.[19]

---

[16] vgl. Riggert, 2012, S.9f
[17] vgl. Kaib, 2002, S. 79f
[18] vgl. http://www.stefan-lenz.ch/bit-glossar/40.php (abgerufen 16.01.2021)
[19] vgl. http://www.cowo.de/a/3071002 (abgerufen am 8.1.2021)

Dadurch wird es leichter Services von verschieden Applikationen zusammenzufügen und integrierte Prozesse über eine heterogene IT-Landschaft zu entwickeln. Im Zuge der zunehmenden Vernetzung der Wirtschaft werden betriebliche Services verstärkt von Kunden, Lieferanten und anderen Geschäftspartnern genutzt. Als Basisinfrastruktur dient das Internet, welches kostengünstige Verbindungen ermöglicht. Entsprechend müssen die Services auch in einem internetfähigen Format zur Verfügung stehen. Vor diesem Hintergrund wird im Kontext von SOA auch der Begriff „Webservices" in den Vordergrund gerückt. Webservices definieren sich dabei als Softwaredienste über offene Protokolle und standardisierte Formate (i.d.R. XML) über das Internet.[20] Serviceorientierte Architekturen werden zu den verteilten Systemen gezählt, da die einzelnen Services auf unterschiedlichen Rechnern ablaufen können. Auch cloud-basierte Services (Internet) können in dieses Architekturmodell integriert werden.[21]

3.3 Cloud-Computing

Während die bisher beschriebenen Entwicklungen dadurch gekennzeichnet sind, dass die Ressourcen primär in der Disposition des einzelnen Unternehmens bzw. der Organisation liegen, geht die Idee des Cloud-Computing einen Schritt weiter und verlagert Anwendungs- und Datenschicht in das Internet. Der Begriff Cloud (auf Deutsch: Wolke) steht dabei als Metapher für das Internet. Cloud-Computing beschreibt die Bereitstellung von gemeinsam nutzbaren und flexibel skalierbaren IT-Leistungen über Netzwerke idealtypisch in Echtzeit. Es bietet den Nutzern eine Umschichtung von Investitions- zu Betriebsaufwänden und ist insbesondere für Unternehmen, die über keine eigene IT-Infrastruktur verfügen, eine Alternative.[22] Je nachdem welche Leistungen durch Cloud Computing erbracht werden, unterscheiden sich die Dienstleistungsmodelle externer Anbieter, wie folgt:

- Software-as-a-Service (Abkürzung: SaaS)

Bei SaaS handelt es sich um eine ganzheitlich gemietete Dienstleistung, wobei die traditionelle IT-Infrastruktur vollständig ersetzt wird.[23] Der Dienstleister stellt Softwareanwendungen über ein Webinterface oder eine Programmierschnittstelle zur Verfügung.

---

[20] vgl. Hansen/ Mendling/ Neumann, 2019, S. 169f
[21] vgl. Wehking, 2020, S. 40
[22] vgl. Riggert, 2012, S.11
[23] vgl. Kollmann, 2020, S. 887

In der Regel hat der Anwender keinen Einfluss auf den Betrieb und die Realisierung der bereitgestellten Anwendungsdienste, kann diese jedoch in gewissem Umfang konfigurieren.[24] Ein Beispiel ist Salesforce, welches CRM-Funktionalitäten bereitstellt.[25]

- Platform-as-aService (Abkürzung: PaaS)

Bei PaaS wird auf eine bestehende Infrastruktur aufgebaut. Dem Kunden werden sog. Tools und Umgebungen angeboten, mit denen eine Weiter- oder Neuentwicklung von Anwendungen ermöglicht wird.[26] Der Anwender behält die Kontrolle über die Anwendungssoftware, nutzt aber standardisierte Softwarekomponenten (Entwicklungssoftware, Middleware, Softwarebibliotheken, Betriebssystem), welche vom Dienstleister zur Verfügung gestellt und gewartet werden. [27] Ein Beispiel hierfür ist die Cloud-Computing Plattform Azure von Microsoft.[28]

- Infrastructure-as-a-Service (Abkürzung: IaaS)

Bei IaaS bietet der Dienstleister elementare Dienste an, wie beispielsweise Rechenleistungen in Form von virtuellen Maschinen, Speicher- oder Nachrichtendiensten sowie Netzwerkdiensten, welche vom Anwender genutzt werden können. [29] Tendenziell nutzen Kunden mit komplexen Anwendungslandschaften dieses Modell, welche mit bestehender Hardware nicht handhabbar ist.[30] Ein Beispiel sind die Amazon Web Services (AWS).[31]

3.4   Microservicearchitekturen

Zuletzt ist zunehmend der Trend zu flexiblen Microsoftarchitekturen zu beobachten, insbesondere als Ansatz agiler und Browser-basierter Anwendungen. Diese folgen einem stringenten Modularisierungsansatz. Der Modularisierungsgedanke liegt zwar fast allen Architekturmustern zugrunde, das Besondere liegt hier aber in der Unabhängigkeit der Module (Microservices) und der lediglich losen Kopplung der Microservices

---

[24] vgl. Hansen/ Mendling/ Neumann, 2019, S. 615
[25] vgl. https://www.salesforce.com/de/products/ (abgerufen am 28.12.2020)
[26] vgl. Kollmann, 2020, S. 887
[27] vgl. Hansen/ Mendling/ Neumann, 2019, S. 615
[28] vgl. https://azure.microsoft.com/de-de/ (abgerufen 28.12.2020)
[29] vgl. Hansen/ Mendling/ Neumann, 2019, S. 617
[30] vgl. Kollmann, 2020, S. 886f
[31] vgl. https://aws.amazon.com/de/ (abgerufen 28.12.2020)

untereinander. Microservices basieren nicht auf einer festgelegten Programmiersprache. Sie sind eigenständige Module eines Softwaresystems, welche klar abgegrenzte Aufgaben übernehmen, über Schnittstellen untereinander Daten austauschen und zusammenarbeiten. Im Gegensatz zu den Services innerhalb einer serviceorientierten Architektur stehen, wie in Abbildung 4 dargestellt, die nutzbaren Funktionalitäten ohne Orchestrierung, also harmonisieren und verbinden mehrerer Services, zur Verfügung. Dies kommt insbesondere cloudbasierten Strukturen entgegen. Weitere Vorteile dieses Ansatzes werden in der Skalierbarkeit, den kürzeren Time-to-Market-Zyklen sowie der höheren Effizienz und Risikovermeidung in der Softwareentwicklung gesehen.[32] Ein Beispiel für diese modularen Softwarebausteine bzw. Infrastrukturen stellt SAP mit der Cloud Platform Extension Factory.[33]

---

[32] vgl. Wehking, 2020, S. 77-82
[33] vgl. https://news.sap.com/germany/2019/05/microservices-sap-cloud-platform/ (abgerufen 11.1.2021)

4 Entwicklung der Anwendungssysteme im Automobilsektor

Der Automobilsektor steht durch die Elektromobilität, Digitalisierung und zunehmende Automatisierung vor großen Strukturveränderungen. Dabei stellt das Thema Industrie 4.0 und Wandel der Produktion hin zu einer intelligenten Fabrik (Smart Factory) eines der Kernaktivitäten dar. Nachdem der Stand und die Trends betrieblicher Anwendungssysteme in Kapitel 3 dargelegt wurden, erfolgt nachfolgend eine Überprüfung, inwieweit sich diese in der Praxis bzw. in modernen ERP-Lösungen im Automobilsektor wiederfinden und diese als Grundlage für eine intelligente Fabrik (Smart Factory) dienen können. Kennzeichen einer Smart Factory (siehe Abbildung 5) ist die systematische Verknüpfung der Informationssysteme mit den internen Betriebsanlagen, externen Komponenten und der äußeren Umwelt. [34] Dabei müssen moderne ERP-Systeme Themen wie die Verarbeitung großer Datenmengen (Big Data), IoT und Cloud-Computing berücksichtigen sowie Usability und User Experience, Reduktion Software- und Systemkomplexität. Zudem sollte die Möglichkeiten der Echtzeitsteuerung gegeben sein. [35]

---

[34] vgl. Huber, 2018, S. 118
[35] vgl. Heuberger/ Herrmann, 2018, S. 21

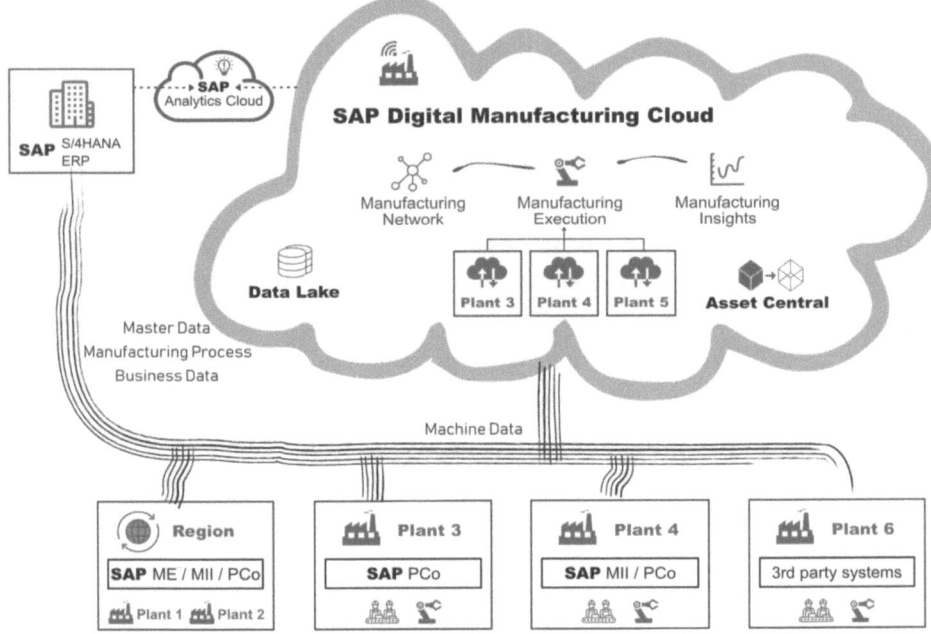

Abbildung 5: Beispiel-Architektur für eine Smart Factory[36]

Klassische ERP-Systeme sind statisch und auf die Informationsgewinnung aus Geschäfts-prozessen, Datenbanken und Datenanalysen ausgerichtet.[37] Das meistgenutzte ERP-Sys-tem in Unternehmen ist die integrierte, betriebliche Standardsoftwarelösung SAP ERP, welches 2004 eingeführt wurde.

Die Software von SAP ist prozessorientiert und basiert auf dem Konzept einer sog. Enter-prise SOA, die Services so kapselt, dass diese flexibel kombinierbar und wiederverwend-bar sind. Die Enterprise Services beinhalten einen wiederverwendbaren Programmiercode und können über Webservices zur Verfügung gestellt werden. Es ist somit prinzipiell eine gemeinsame Nutzung von Informationen und Funktionen möglich. Damit die skizzierten Veränderungen im Zuge der Digitalisierung realisiert werden kön-nen, erfolgte von SAP eine grundlegende Modernisierung der Produktlinie zu einem

---

[36] vgl. https://www.it-production.com/fertigungsnahe-it/it-architektur-fuer-die-smart-factory/2/ (abgeru-fen 20.01.2021)
[37] vgl. Hausladen, 2020, S. 237

Microservicemodell.[38] SAP Business Suite 4 SAP HANA oder kurz SAP S/4HANA wurde im Jahr 2015 von SAP vorgestellt und ist die vierte und aktuellste Generation der SAP Business Suite (engl.: business suite; Synonym: integrierte Unternehmenssoftware). Kernstück und Innovation dieser Plattform ist die Datenbank HANA (siehe Abbildung 6), welche auf einer In-Memory-Technologie basiert, um das Datenmanagement für operative und analytische Zwecke effizient zu vereinheitlichen.[39]

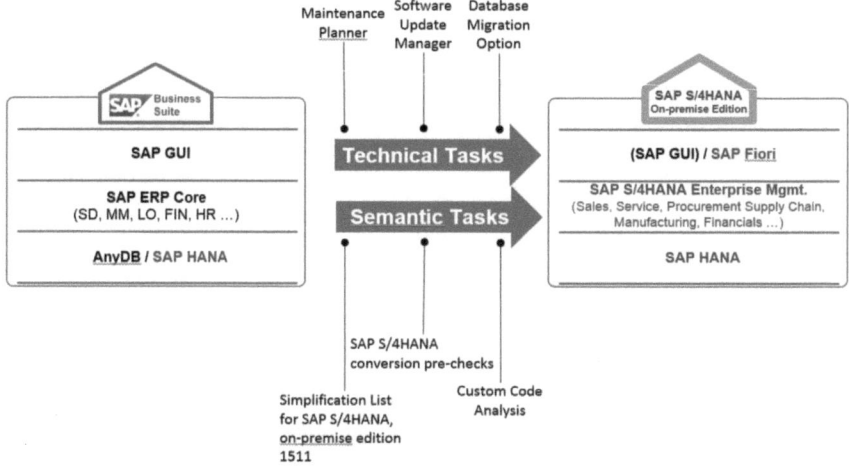

Abbildung 6: SAP ERP vs. SAP S/4HANA[40]

Vorteile der neuen Datenbank- und Komprimierungstechnologie liegen entsprechend im Vergleich zu herkömmlichen Datenbanken darin, dass eine parallele Verarbeitung und eine deutlich schnellere Kommunikation ermöglicht wird. Des Weiteren können größere Datenmengen in Echtzeit verarbeitet und sowohl strukturierte Daten (Daten aus relationalen Tabellen), als auch unstrukturierte Daten (Störmeldungen, Bilder oder Videos) verwaltet werden.

---

[38] vgl. Heuberger/ Herrmann, 2018, S. 21f
[39] vgl. Alpar/ Alt/ Bensberg/ Weimann, 2019, S. 201f
[40] vgl. https://archive.sap.com/documents/docs/DOC-68976 (abgerufen 10.01.2021)

Die Plattform SAP HANA wird auch als PaaS-Lösung (Platform-as-a-Service) angeboten. Bei den Produktlinien kann zwischen lokalen bzw. On-premise, verschiedenen Cloud Lösungen und einer Kombination aus beiden unterschieden werden. Bei der Betriebsform On-premise wird die Software im unternehmenseigenen Netzwerk betrieben und beliebige Erweiterungen der Eigenentwicklungen sind möglich.

Entsprechend sind die Unternehmen selbst auch für die Wartung und Pflege der Software verantwortlich. Die Cloud-Lösungen von SAP lassen sich in Private-Cloud und Public-Cloud differenzieren. Bei der Nutzung der Private-Cloud müssen Unternehmen keine eigene Hardware erwerben. Die ERP-Anwendungen werden in vollem Umfang über das Internet (Cloud) bereitgestellt. Über diese Variante sind uneingeschränkte Eigenentwicklungen integrierbar. Die Pflege und Wartung werden von SAP übernommen.

Das Public-Cloud-Modell hingegen sieht nur die Standardanwendungen innerhalb der Cloud vor, was die Möglichkeiten von Eigenentwicklungen begrenzt. Durch vierteljährliche „Releases" und vollständige Übernahme des Hostings durch SAP unterscheidet sich diese Betriebsform. Weitere cloudbasierten Produkte wie SAP Ariba (elektronische Beschaffung), SAP SucessFactor (Personalmanagement), SAP Fieldglass (Recruiting und Management von Fremdpersonal) sind flexibel integrierbar. Da die benötigten Ressourcen und Systemerweiterungen über die Cloud bereitgestellt, durchgeführt und betrieben werden, reduziert sich die Komplexität der Systemlandschaft für die Unternehmen.

Bisherige Anwendungen erfolgten im ERP-System über die transaktionsbasierte Oberfläche SAP GUI (Graphical User Interface). In der Praxis erwiesen sich diese Oberflächen als komplex und wenig benutzerfreundlich, da auf eine Trennung zwischen Oberflächen- und Geschäftslogik geachtet wurde. Eine unabhängige Darstellung auf verschiedenen Endgeräten war nicht möglich. Mit SAP Fiori wurde eine browserbasierte Lösung zur Verbesserung der Usability entwickelt. Das transaktionsbasierte Konzept wurde durch eine rollenbasierte Anwendung ersetzt. Dabei werden für die Aufgabenerfüllung die passende Oberfläche via Applikationen (Apps) individuell für die Benutzer gestaltet. Je nach definierter Benutzerrolle wird zwischen analytischen Apps, Fact-Sheet-Apps und transaktionalen Apps unterschieden. Bis auf die transaktionalen Apps greifen sämtliche Apps auf die Datenbank SAP HANA zurück, bieten Echtzeitanalysen und einen 360-Grad-Blick auf betriebswirtschaftliche Objekte. Schulungsaufwendungen sollen durch eine intuitive Bedienbarkeit reduziert werden. Durch responsive Gestaltung der Apps sollen sich die Oberflächen an die Auflösung des jeweiligen Endgerätes anpassen und das Arbeiten an mobilen Endgeräten ermöglichen.[41]

Für die Umsetzung von Lösungen für die Wertschöpfungskette der Automobilindustrie wurde von Seiten SAP explizit eine branchenspezifische Roadmap aufgestellt, welche sukzessive verfeinert und transparent die geplante Softwareweiterentwicklung chronologisch skizziert. Die Branchenlösung für die Automobilindustrie umfasst dabei die relevanten Bereiche Forschung und Entwicklung, Logistik und Produktion sowie Sales und Aftersales. Das Werkzeug ARIS Business Architect for SAP NetWeaver unterstützt die Integration.Es bietet die Möglichkeit die unternehmensspezifischen Prozesse aus fachlicher Sicht zu analysieren und auf dieser Basis die betriebswirtschaftlichen Anforderungen an SAP zu formulieren. Dazu enthält das Tool eine durchgängige Beschreibung der Prozessarchitektur der Geschäftsmodelle bis zur Implementierung der Prozesse über den SAP Solution Manager, SAP PI (SAP Process Integration) und SAP Business Workflow. In Kombination mit dem Produkt „Leonardo" wird zudem die Vernetzung, der Austausch und die Nutzung digitaler Informationen, die Verwendung komplexer Algorithmen und der Einsatz künstlicher Intelligenz gewährleistet.[42] Zusammenfassend erfüllt die neue Produktgeneration theoretisch die Grundlagen für eine intelligente Fabrik für Unternehmen im Automobilsektor.[43]

---

[41] vgl. Heuberger/ Herrmann, 2018, S. 22ff
[42] vgl. Funk/ Gomez/ Niemeyer/ Teuteberg, 2010, S. 73f i.V. mit Gleich/ Kramer/ Esch, 2018, S. 81
[43] vgl. Heuberger/ Herrmann, 2018, S. 26

In der Praxis erweist sich die Umstellung trotz verbesserter Integrationswerkzeuge als komplex und herausfordernd. Gemäß einer Umfrage der Beratungsgesellschaft Lünendonk bei Unternehmen, welche die technische Migration bereits unternehmensweit abgeschlossen haben, bewertet die überwiegende Mehrheit die Implementierung als aufwändig und kostenintensiv. Zudem wird kritisiert, dass die Komplexität in der IT-Orchestrierung insgesamt höher wird, wenn diverse Cloud-Anwendungen in unterschiedlichen Lösungen (Public, Private) mit lokaler Standardsoftware und lokalen Eigenentwicklungen sowie gegebenenfalls Drittanbieter-Anwendungen interagieren müssen.[44] Auch der Verband der SAP-Nutzer bemängelt Lücken in der Software, ungeplant höhere Aufwendungen und die teilweise herausfordernde Integration der neuen Programme.[45]

Die beschriebenen Kritikpunkte spiegeln teilweise die definierten Probleme der Softwarekrise wider, sodass diese weiterhin noch nicht in Gänze überwunden erscheint. Zudem ist zu erwarten, dass sich die Komplexität durch die zunehmende Vernetzung aller Wertschöpfungsstufen und die immens steigenden Datenmengen weiter erhöhen wird. Nachgelagert zeichnen sich dadurch auch zukünftig steigende Kosten für die kontinuierliche Wartung und Weiterentwicklung der Systeme ab; bekannte Aspekte, welche teilweise bereits in der Softwarekrise, wie in Kapitel 2.2. skizziert, diskutiert wurden.

---

[44] vgl. https://www.luenendonk.de/produkte/studien-publikationen/luenendonk-studie-2019-mit-s-4hana-in-die-digitale-zukunft/ (abgerufen 14.01.2021)
[45] vgl. https://www.faz.net/aktuell/wirtschaft/unternehmen/sap-in-harter-kritik-software-luecken-und-verlust-von-mitarbeitern-16389415.html (abgerufen 20.01.2021)

5 Schlussbetrachtung

5.1 Zusammenfassung

Die gegenwärtige Digitalisierung von Prozessen gewinnt im Zuge des Strukturwandels im Automobilsektor zunehmend an Relevanz. Dabei ändern sich nicht nur die Arbeitsorganisation und das Arbeitsumfeld. Auch die in den Unternehmen eingesetzten Anwendungssysteme stoßen zunehmend an Grenzen. Als Reaktion auf die erhöhte Veränderungsdynamik und der damit verbundenen Herausforderung, Geschäftsprozesse schneller und flexibler an die Umweltveränderungen anzupassen, zeichnet sich eine Tendenz zu immer flexibleren Anwendungs- bzw. Microservicearchitekturen ab, wie auch die neue Produktgeneration SAP S/4HANA von SAP zeigt. Der Schwerpunkt der Neuentwicklungen wurde aufbauend auf einer SOA zunehmend auf cloudbasierte Branchensoftware-Lösungen verlagert, welche auf flexiblen Microservices-Modellen basieren. Vorteile dieses Ansatzes liegen in der Skalierbarkeit, der höheren Effizienz in der Softwareentwicklung sowie den kürzeren Time-to-Market-Zyklen, was bei der Bewältigung der sog. Softwarekrise und Transformation unterstützen kann. Gleichzeitig werden in der neuen Generation, durch den Einsatz neuer Datenbanken- und Komprimierungstechnologien, doppelte Funktionen und Produktüberschneidungen bereinigt. Einige eingespielte Funktionalitäten entfallen und müssen durch Überbrückungslösungen im Rahmen der Migration dargestellt werden, was die Kosten und die Komplexität für die Unternehmen erhöht. Trotz zunehmender Professionalisierung und branchenorientierter Softwareentwicklung stellt sich die Umstellung für Unternehmen in der Praxis weiter als herausfordernd, kostenintensiv und komplex dar. Entsprechend scheinen einige diskutierte Probleme der Softwarekrise bis heute noch nicht gänzlich überwunden.

5.2 Kritische Reflexion der eigenen Vorgehensweise

In diesem Assignment wurden nur exemplarisch einige Trendentwicklungen erwähnt. Die Auswahl erfolgte in Bezug auf die Überprüfung der Weiterentwicklung von ERP-Systemen und im speziellen der neuen Produktlinie von SAP. Entsprechend besteht kein Anspruch auf Vollständigkeit. Der Autor hat begrenzte praktische Erfahrungen mit SAP-Software. Überwiegend basiert diese Arbeit auf Literaturrecherche. Ein Vergleich zwischen ERP-Systemen verschiedener Softwarehäuser und das Führen von Interviews mit Experten wäre eine Bereicherung für diese Arbeit gewesen.

Literaturverzeichnis

Alpar, P./ Alt, R./ Bensberg, F./ Weimann P. (2019)

Anwendungsorientierte Wirtschaftsinformatik: Strategische Planung, Entwicklung und Nutzung von Informationssystemen. 9. Auflage. Springer Fachmedien Wiesbaden GmbH

AWS -Internetquelle-

https://aws.amazon.com/de/ (abgerufen am 28.12.2020)

Dijkstra, E. (1972)

The Humble Programmer. ACM Turing Lecture.

FAZ (2019) -Internetquelle-

https://www.faz.net/aktuell/wirtschaft/unternehmen/sap-in-harter-kritik-software-luecken-und-verlust-von-mitarbeitern-16389415.html (abgerufen 20.01.2021)

Funk, B./ Gomez, J./ Niemeyer, P. / Teuteberg, F. (2010)

Geschäftsprozessintegration mit SAP: Fallstudien zur Steuerung von Wertschöpfungs-prozessen entlang der Supply Chain. Springer Verlag Berlin, Heidelberg.

Gerstl. S. (2018) -Internetquelle-

https://www.embedded-software-engineering.de/raus-aus-der-software-krise-50-jahre-software-engineering-a-765527/ (abgerufen am 23.12.2020)

Hansen, H./ Mendling, J./ Neumann, G. (2019)

Wirtschaftsinformatik: Grundlagen und Anwendungen. 12. Auflage. Walter de Gruyter GmbH. Berlin, Boston.

Hausladen, I. (2020)

IT-gestützte Logistik: Systeme, Prozesse, Anwendungen. 4. Auflage. Springer Fachmedien GmbH

Herden, S./ Gomez, J./ Rautenstrauch, C./ Zwanziger, A. (2006)

Software-Architekturen für das E-Business: Enterprise-Application-Integration mit verteilten Systemen. Springer Verlag Berlin Heidelberg.

Hermeier, B./ Heupel, T./ Fichtner-Rosada, S. (2019)

Arbeitswelten der Zukunft: Wie die Digitalisierung unsere Arbeitsplätze und Arbeitsweisen verändert. Springer Fachmedien Wiesbaden GmbH.

Heuberger, N./ Herrmann, F. (2018) -Internetquelle-

https://opus4.kobv.de/opus4-oth-regensburg/frontdoor/deliver/i dex/docId/186/file/AKWI_201808_3_Herrmann.pdf. (S. 20 – 27). (abgerufen am 14.01.2021)

Himstedt, S. (2020) -Internetquelle-

https://www.it-production.com/fertigungsnahe-it/it-architektur-fuer-die-smart-factory/2/ (abgerufen 20.01.2021)

Huber, W. (2018)

Industrie 4.0 kompakt: Wie Technologien unsere Wirtschaft und unsere Unternehmen verändern. Springer Fachmedien Wiesbaden GmbH

Kaib, M. (2002)

Enterprise Application Integration: Grundlagen, Integrationsprodukte, Anwendungsbeispiele. 1. Auflage. Springer Fachmedien Wiesbaden GmbH.

Kollmann, T. (2020)

Handbuch Digitale Wirtschaft. Springer Fachmedien Wiesbaden GmbH.

Kuhlins, S. (1997)

Objektorientiertes Design für C++: Entwicklung eines Case Tools mit C++-Codegenerierung. Springer Verlag Heidelberg.

Lenz, S. -Internetquelle-

http://www.stefan-lenz.ch/bit-glossar/40.php (abgerufen 16.01.2021)

Lünendonk Studie -Internetquelle-

Mit S/4HANA in die digitale Zukunft: Status, Ziele und Trends bei der Einführung von S/4HANA im deutschsprachigen Raum. https://www.luenendonk.de/produkte/studienpublikationen/luenendonk-studie-2019-mit-s-4hana-in-die-digitale-zukunft/ (abgerufen am 14.01.2021)

Maveric (2017) -Internetquelle-

https://maveric-systems.com/blog_cat/digital-services/page/9/ (abgerufen 20.01.2021)

Mertens P./ Meier M.C. (2009)

Integrierte Informationsverarbeitung 2. 10.Auflage. Gabler/ GWV Fachverlag, Wiesbaden

Microsoft -Internetquelle-

https://azure.microsoft.com/de-de/. (abgerufen am 28.12.2020)

Raue, H. (1996)

Wiederverwendbare betriebliche Anwendungssysteme: Grundlagen und Methoden ihrer objektorientierten Entwicklung. Springer Fachmedien. Wiesbaden.

Riggert, W. (2012)

Rechnernetze: Grundlagen- Ethernet -Internet. Fachbuchverlag Leipzig im Carl-Hanser-Verlag.Leipzig.

Salesforce -Internetquelle-

https://www.salesforce.com/de/products/. (abgerufen 28.12.2020)

SAP -Internetquelle-

https://news.sap.com/germany/2019/05/microservices-sap-cloud-platform/ (abgerufen 11.1.2021)

https://archive.sap.com/documents/docs/DOC-68976 (abgerufen 10.01.2021)

Scheer, A.-W. (1995)

Wirtschaftsinformatik: Referenzmodelle für industrielle Geschäftsprozesse. Spring-Verlag Berlin Heidelberg New York.

Scheruhn, H.-J./ Klockhaus, E. (1997)

Modellbasierte Einführung betrieblicher Anwendungssysteme. Springer Fachmedien Wiesbaden GmbH.

Staud J.L. (2010) -Internetquelle-

http://www.staud.info/gproz/gp_f_10.htm (abgerufen 14.01.2021)

Steppan Bernhard -Internetquelle-

http://www.cowo.de/a/3071002. (abgerufen am 8.1.2021)

Wehking, K.-H. (2020), S. 40
Technisches Handbuch Logistik 2: Fördertechnik, Materialfluss, Intralogistik. Springer Berlin Heidelberg.